PORT AUTONOME DE STRASBOURG

BANQUET

offert à

Monsieur DUSUZEAU

Président du Conseil d'Administration du Port Autonome

Membre du Conseil d'Administration de la Compagnie Générale
pour la Navigation du Rhin

à l'occasion de son élévation à la dignité de Grand Officier
de la Légion d'Honneur

le 27 mai 1927

à STRASBOURG

* * *

STRASBOURG
IMPRIMERIE DES DERNIÈRES NOUVELLES DE STRASBOURG
1927

PORT AUTONOME DE STRASBOURG

BANQUET

offert à

Monsieur DUSUZEAU

Président du Conseil d'Administration du Port Autonome

Membre du Conseil d'Administration de la Compagnie Générale
pour la Navigation du Rhin

à l'occasion de son élévation à la dignité de Grand Officier
de la Légion d'Honneur

le 27 mai 1927

à STRASBOURG

STRASBOURG
IMPRIMERIE DES DERNIÈRES NOUVELLES DE STRASBOURG
1927

Le 27 mai 1927 plusieurs personnalités de la navigation rhénane, notamment les membres des Conseils d'Administration de la Compagnie Générale pour la Navigation du Rhin et du Port Autonome de Strasbourg, se sont réunis dans un banquet à l'Hôtel de l'Union pour fêter l'élévation de M. DUSUZEAU, Inspecteur Général des Ponts et Chaussées, membre du Conseil d'Administration de la Compagnie Générale pour la Navigation du Rhin, Président du Conseil d'Administration du Port Autonome de Strasbourg à la dignité de Grand Officier de la Légion d'Honneur.

Les discours qui suivent ont été prononcés à l'issu de ce banquet

DISCOURS

de

M. F. HERRENSCHMIDT

Président de la Chambre de Commerce de Strasbourg
Président du Conseil d'Administration de la Compagnie Générale
pour la Navigation du Rhin
Membre Secrétaire du Conseil d'Administration du Port Autonome de Strasbourg

Monsieur l'Inspecteur Général et cher Collègue,

Permettez-moi, en qualité de Président de la Compagnie Générale pour la Navigation du Rhin, de vous dire la joie que nous éprouvons à nous réunir aujourd'hui pour fêter votre promotion à la dignité de Grand Officier de la Légion d'Honneur, et laissez-moi vous adresser les félicitations les plus sincères de vos collègues du Conseil d'Administration et du personnel de notre Compagnie.

Nous savons tous, en effet, la part que vous avez prise, au sein du Conseil National de la Navigation, à la constitution de notre Société, et notre très regretté Vice-Président Monsieur Jean MILLOT nous a souvent dit quel soutien et quel appui il rencontrait auprès de vous, pour la défense des intérêts français sur le Rhin.

Nous n'oublions pas, d'autre part, que vous siégez au Conseil du Port Autonome en tant qu'Administrateur de la Compagnie Générale; c'est donc à plus d'un titre que nous pouvons compter sur vous pour la défense des intérêts de notre navigation rhénane tout entière. Dans cette haute distinction dont vous venez d'être l'objet, nous voulons voir non seulement la récompense légitime d'une vie de travail et de dévouement à la cause publique, mais aussi et surtout la volonté du Gouvernement de reconnaître particulièrement les services rendus par vous, tant à l'Office National de la Navigation qu'à la Compagnie Générale et au Port Autonome de Strasbourg.

Je suis tout particulièrement heureux de saluer ici M. Silvain DREYFUS, l'éminent Vice-Président du Conseil Supérieur des Ponts et Chaussées, et vos jeunes camarades MM. MONTIGNY et THIERRY, dont nous apprécions si vivement l'aide et la collaboration, qui ont bien voulu se joindre sur notre appel aux membres des Conseils d'Administration du Port Autonome et de la Compagnie Générale, et je les remercie d'avoir bien voulu rehausser par leur présence la manifestation de sympathie à laquelle nous les avions conviés.

Et comme je veux reporter sur le Président de la Chambre de Commerce l'honneur qui m'est fait de présider la Compagnie Générale, je ne veux pas manquer de vous présenter ici également l'expression de la gratitude de nos milieux industriels et commerciaux de Strasbourg. C'est avec une vive satisfaction qu'ils ont vu occuper des postes importants de nos grands organismes régionaux par un homme de votre valeur et de votre expérience, et ils attachent un grand prix au concours éclairé que vous leur apportez.

Messieurs, je vous propose de lever vos verres en l'honneur de Monsieur DUSUZEAU, notre très distingué et très respecté collègue.

DISCOURS

de

M. J. PEIROTES

Député, Maire de Strasbourg
Membre du Conseil d'Administration de la Compagnie Générale
pour la Navigation du Rhin
Vice-Président du Conseil d'Administration du Port Autonome de Strasbourg

---

Messieurs,

En ma double qualité de Vice-Président du Conseil d'Administration du Port Autonome et de Maire de la Ville de Strasbourg, je voudrais en premier lieu vous remercier d'avoir organisé cette petite fête au cachet tout familial, que nous avions dû ajourner pour des raisons qui vous sont bien connues et qui heureusement n'existent plus.

Vous m'avez ainsi procuré, Messieurs, l'occasion d'offrir, dès aujourd'hui, tant au nom de mes concitoyens, comme au nom de mes collègues du Conseil d'Administration du Port Autonome, à notre distingué président M. DUSUZEAU, les plus chaleureuses félicitations pour la haute distinction dont il vient d'être l'objet de la part du Gouvernement de la République.

Distinction bien méritée, Messieurs, non pas seulement pour les longs et loyaux services rendus à l'Etat en tant que Président de section au Conseil général des Ponts et Chaussées, ou comme Vice-Président du Conseil d'Administration de l'Office National de la Navigation, ou comme Membre du Conseil d'Administration de la Compagnie Générale pour la

Navigation du Rhin, mais aussi en reconnaissance de son admirable travail qu'il fournit, quand — il y a de cela quelques années — il traita devant le Conseil supérieur des Travaux Publics, les problèmes techniques, juridiques et économiques qui se trouvaient en rapport avec les choses rhénanes, choses — je tiens à le souligner — qui étaient et sont encore pour Strasbourg d'un intérêt capital.

Strasbourg a donc tout lieu de se réjouir aujourd'hui, car quel n'est pas l'appui que nous avons constamment trouvé auprès de vous, Monsieur le Président, et dès l'heure que nous avions projeté l'extension de nos ports? On ne saurait assez le dire !

Dans votre remarquable exposé au Conseil supérieur des Travaux Publics vous fîtes ressortir surtout et avec beaucoup de raison, Monsieur le Président, que « le port de « Strasbourg est un port municipal que la Ville a construit « de ses propres deniers et constamment développé depuis « 1892. »

« Alors, disiez-vous », alors que les Etats allemands « subventionnaient *fastueusement* les ports *allemands*, Stras- « bourg n'a jamais obtenu la moindre subvention. Bien « plus, il lui a fallu triompher de toutes les oppositions, de « toutes les tracasseries d'une administration qui entendait « conserver à Mannheim sa situation privilégiée de tête de « ligne fluviale et favoriser avant tout ses réseaux de che- « min de fer. Strasbourg a dû même, ajoutiez-vous, dans « certaines circonstances, payer des sommes énormes pour « obtenir les autorisations qui lui étaient nécessaires, en « particulier pour l'occupation de terrains militaires. »

« Enfin, l'Etat de Bade est venu lui créer une concur- « rence redoutable » — je cite toujours vos propres paroles, « Monsieur le Président — « en installant à grands frais sur « la rive opposée, un port à Kehl, port de chemin de fer, « destiné à détourner le trafic sur les réseaux allemands. »

Quoi de plus clair, Messieurs, quoi de plus lumineux que cet exposé de M. DUSUZEAU qui nous a fourni la preuve in- discutable qu'il avait soumis l'intéressante question à une étude approfondie.

Depuis, Messieurs, des années se sont écoulées, et « tem- pora mutantur » les temps ont changé, et à l'heure actuelle la physionomie du port de Strasbourg nous apparaît, portant au front le signe de la marche ascendante.

Ces résultats, Messieurs, démontrent amplement, il me semble, combien grande est la reconnaissance que Strasbourg doit à celui que nous fêtons aujourd'hui.

Monsieur le Président,

Avec l'amabilité qui vous caractérise et qui du reste est notoire, vous avez adressé à la Municipalité de Strasbourg un compliment dont je tiens à vous remercier tout particulièrement. Vous disiez en 1921 que « grâce à sa ténacité, grâce à l'union sacrée qui a toujours régné dans ses assemblées municipales, lorsqu'il s'agissait du port, — je ne retiens que ces deux phrases — Strasbourg verra ses efforts récompensés. »

De cela nous sommes d'autant plus persuadés, Monsieur le Président, que nous avons maintenant à la tête du Port Autonome un homme de votre compétence ; c'est là le compliment que je vous renvoie à mon tour, veuillez bien l'agréer, il part d'un cœur sincère.

Et c'est pourquoi aussi, Monsieur le Président, que par mon organe, tout Strasbourg applaudit au geste du Gouvernement de la République, qui en vous honorant, honore en même temps notre vieille cité française et républicaine.

Puissions-nous jouir pendant de longues années encore de votre précieuse collaboration, c'est là, Monsieur le Président, le vœu qu'avec nos félicitations, vous exprime, le premier magistrat de Strasbourg au nom de tous ses concitoyens.

Messieurs,

Veuillez-vous associer à moi pour lever vos verres en l'honneur de M. DUSUZEAU, Grand Officier de la Légion d'Honneur !

DISCOURS

de

M. SILVAIN DREYFUS

Inspecteur Général
Vice-Président du Conseil Supérieur des Ponts et Chaussées
Commissaire de France à la Commission Centrale du Rhin

Messieurs,

Quelques minutes avant le commencement de la charmante fête à laquelle nous venons d'assister, on m'a dit que j'allais être prié de prononcer quelques paroles à l'heure du champagne... J'ai pensé immédiatement à l'attitude que prit Alexandre Dumas fils, le jour où une très grande dame du Second Empire l'invita à écrire une « pensée » sur son album. Alexandre Dumas, dont la modestie répugnait à ce genre d'occupation, commença par se récuser. Devant l'insistance obstinée de la dame, il finit par se saisir de l'album, sortit un crayon de sa poche et écrivit ces simples mots sur la page blanche : « Je n'écris jamais rien sur les albums ».

Il me semble, Messieurs, que j'aurais dû m'inspirer de cet illustre exemple et me borner à déclarer que je ne prononce jamais d'allocutions à la fin des banquets; j'aurais en effet bien des raisons de m'abstenir.

D'abord, je n'ai pas qualité le moins du monde pour parler aux lieu et place de M. Mathieu, qui a le très vif regret de ne pouvoir se trouver aujourd'hui parmi nous. Je ne possède ni sa situation, ni son autorité, ni son grade dans la Légion d'Honneur — il ne saurait donc être question, en son absence, d'ajouter un acte officiel aux justes félicitations que vous venez d'adresser à notre ami DUSUZEAU.

Il y a une autre considération qui devrait m'imposer silence. M. le Maire de Strasbourg et M. le Président de la Chambre de Commerce viennent d'adresser à M. Dusuzeau d'éloquents compliments de bienvenue et de développer les motifs qui les ont conduits à offrir une si brillante réception au Président du Port Autonome de Strasbourg. Si je prenais la parole à mon tour, je me donnerais l'air d'avoir, moi aussi, contribué à cette invitation. Ce serait répéter le geste du geai paré des plumes du paon, car je ne suis ici qu'un invité... Je veux du moins profiter de l'occasion qui m'est offerte pour vous remercier du fond du cœur d'avoir fait place à cette table à un vieux camarade et à un vieil ami de votre hôte illustre.

Mais le principal motif qui devrait m'empêcher de prendre la parole, c'est la présence même de M. Dusuzeau, qui barre la route à ma sincérité.

J'avais les coudées plus franches le 7 octobre dernier, lorsque j'ai présidé la première séance du Conseil Général des Ponts et Chaussées qui s'est tenue après le départ de notre ami. Je n'ai pas hésité ce jour-là à dire ce que j'avais sur le cœur et à qualifier comme elle le méritait l'attitude du camarade qui, dans son ardent désir de nous quitter, a été jusqu'à refuser de falsifier son acte de naissance ; j'ai pu aussi faire allusion à quelques autres étapes de sa carrière.

J'ai rappelé qu'il a consacré une grande partie de sa vie à l'administration, à l'exploitation et à la transformation de la ligne de canaux qui relie la Belgique à la région parisienne et que grâce à lui cette voie navigable est devenue l'une des plus puissantes et l'une des plus importantes de l'Europe. En matière de navigation intérieure, il a été un maître et un précurseur ; ce sont ses études et ses projets qui ont permis d'appliquer l'électricité à la traction des bateaux sur la principale voie navigable de son service.

A l'École Nationale des Ponts et Chaussées, il a été l'un des professeurs de navigation qui ont fait le plus d'honneur à notre corps ; ses élèves, qui sont tous devenus ses amis, ont gardé de son enseignement et de sa cordiale affection un souvenir inoubliable.

Après la guerre, la renaissance économique de la France exigeait une remise en état particulièrement rapide du réseau navigable de la région du Nord, qui avait été rendu inutilisable et savamment déchiqueté par l'ennemi. Pour prendre en main cette grande et difficile œuvre de reconstitution, il fallait un homme de valeur et de caractère, ayant la science, l'expérience, l'autorité, et doué d'une souple intelligence.

Pas une seconde il n'a pu être question de choisir un autre homme que M. DUSUZEAU. Grâce à sa prodigieuse activité, à son action sur les ingénieurs et sur les entrepreneurs, il a donné à l'œuvre de reconstitution des voies navigables une impulsion si décisive, que la circulation des bateaux a pu être rétablie longtemps avant la date prévue par les ingénieurs les plus optimistes.

Et quand l'Association des Ingénieurs des Ponts et Chaussées et des mines a eu à élire un président, nous n'avons pas perdu beaucoup de temps à nous demander quel pourrait être notre guide le plus sûr et notre défenseur le plus autorisé : à l'unanimité nous avons confié à M. DUSUZEAU le soin de gérer nos intérêts moraux et matériels.

Les Ministres des Travaux Publics ne s'y sont pas trompés, c'est un Ministre qui a proclamé que le Président de notre association est la plus haute autorité morale du corps des Ponts et Chaussées; c'est un Ministre qui a fait modifier la composition du Conseil Supérieur des chemins de fer, pour permettre à Monsieur DUSUZEAU de conserver son siège dans cette assemblée, malgré son admission à la retraite.

Quant à la Présidence du Conseil d'Administration du Port Autonome de Strasbourg, vous sentez combien cette haute situation exige de savoir et de savoir-faire, de science technique et administrative et de diplomatie, et vous appréciez comme il convient le grand ingénieur qui dirige les destinées de votre bel établissement fluvial.

Mais, je le répète, la modestie de M. DUSUZEAU m'empêche de lui en dire davantage... Je m'arrête en lui demandant la permission de le serrer dans mes bras et de lui donner une accolade aussi peu administrative que possible. Je suis fier d'avoir un ami tel que lui.

A la santé de M. DUSUZEAU !

DISCOURS

de

M. L. DUSUZEAU

Inspecteur Général des Ponts et Chaussées
Membre du Conseil d'Administration de la Compagnie Générale
pour la Navigation du Rhin
Président du Conseil d'Administration du Port Autonome de Strasbourg
Grand Officier de la Légion d'Honneur

Messieurs — mes chers amis,

Lorsque M. le Maire de Strasbourg m'a appelé à présider le premier Conseil d'Administration du Port Autonome, il ne m'a pas dissimulé que ce n'était pas sans quelque appréhension qu'il confiait à un fonctionnaire de l'Etat cet Etablissement auquel il allait remettre son cher et glorieux port municipal, ce port municipal que la Ville avait construit et outillé, entièrement à ses frais, au prix de trente années d'efforts, de luttes et de sacrifices. Merveilleux exemple des miracles que sait réaliser la tenacité du génie alsacien !

Et comme je le comprenais, moi qui n'acceptais l'honneur périlleux qui m'était offert qu'avec des craintes et des scrupules autrement angoissants.

Aurais-je seulement, à mon âge, la force nécessaire pour conduire vers ses belles destinées cette association de la Ville et de l'Etat, véritable mariage d'amour et d'intérêts (Rires) célébré certes sous les auspices les plus favorables, mais qui pouvait réserver au ménage des débuts singulièrement difficiles, avec le voisinage de concurrents redoutables, anciens prétendants, à qui on ne pouvait pourtant pas demander de contempler avec sympathie le spectale de nos félicités conjugales !

Aurais-je, aussi, l'autorité nécessaire pour présider les séances d'un Conseil d'Administration dans lequel j'allais voir siéger, à côté des élus les plus justement populaires de la Ville, le Président du Conseil Général, le Président de la Chambre de Commerce, les représentants de nos grandes industries, et, aussi, le délégué de notre personnel ouvrier, que je savais si dévoué, si intéressant?

Et voici qu'aujourd'hui, mon cher Maire, je suis tout simplement jaloux de vous, car, enfin, après les paroles que vous avez prononcées tout à l'heure, j'ai bien le droit de penser que vos appréhensions ont totalement disparu. Et je ne puis pas en dire autant des miennes, par cette simple raison qu'après une expérience de plus de 18 mois, je n'ai encore eu l'occasion d'éprouver ni ma force, ni mon autorité.

Ni ma force ! Certes, nous avons bien vu de temps à autre apparaître à l'horizon quelques nuages noirs inquiétants, mais ils ont vite disparu : à mon premier appel, les Ministres des Travaux Publics et le Directeur de la Navigation, les Ministres des Finances et le Directeur du budget, le Président du Conseil lui-même, le Conseil Général des Ponts et Chaussées (et mon vieil ami le Président DUBYFUS n'a pas fait le voyage de Strasbourg pour me contredire), l'Inspecteur Général du contrôle, tout le monde s'est précipité à notre secours, n'hésitant pas, lorsque cela a été nécessaire, à bousculer quelque peu les vieilles habitudes de nos bureaux, et même (mais cela, il ne faut pas le dire), à corriger quelque peu les textes de règlements jusqu'alors inviolés (Applaudissements).

Et à ce propos, mes chers amis, il faut que je vous confie un secret, un secret auquel vous pourrez du reste donner la plus large publicité ! J'ai découvert une phrase, une toute petite phrase, qui a le pouvoir magique, lorsqu'on la prononce dans ces grandes administrations parisiennes, de faire tomber les barrières comme les trompettes de Jéricho faisaient tomber les murailles !

Pour obtenir ce résultat il suffit de dire, oh ! sans crier, gentiment au contraire, avec un sourire : « c'est pour le Port de Strasbourg ! »   (Rires et applaudissements)

Et je ne veux pas oublier de rendre hommage au concours si empressé, si énergique que nous trouvons ici même, auprès de l'Administration préfectorale, auprès de la Direction des Chemins de fer d'Alsace et de Lorraine, auprès de l'Ingénieur en Chef de la Navigation, dont M. le Président HERRENSCHMIDT vient si justement d'apprécier les services. Ajouterai-je que tout récemment, M. MONTIGNY, avec un coup d'œil de grand Ingénieur, trouvait la solution longtemps cherchée d'un problème technique fort délicat, et que, grâce à lui, la navigabilité du Canal du Rhône au Rhin va recevoir une amélioration importante; et vous savez le bien qui en résultera pour le développement du trafic de notre port. (Applaudissements).

Je vous disais aussi que je n'avais pas trouvé l'occasion de faire l'essai de mon autorité. Pour vous le démontrer, je vais vous raconter ce qui se passe dans les séances de notre Conseil d'Administration. Je trahirai bien un peu le secret professionnel, mais nous sommes entre amis, et vous êtes discrets (Rires).

Notre Directeur... je ne vous parlerai pas de notre Directeur, ce n'est pas à vous que j'apprendrai que M. HAELLING apporte dans ses hautes fonctions une brillante intelligence, un sens avisé des affaires, une activité dévorante et surtout cette foi dans l'avenir qui est la condition essentielle du succès (Vifs applaudissements).

Donc, notre Directeur, dont je ne vous ai pas parlé, nous expose les affaires. Le Conseil, vous n'en doutez pas, les examine avec le plus grand soin et dans tous leurs détails. Seulement, on s'aperçoit tout de suite que tout le monde est d'accord, que tout le monde est du même avis, et, invariablement, nos décisions sont prises à l'unanimité, sans que jamais le Président ait à intervenir !

Et en peut-il être autrement, mes chers amis, avec un Conseil d'Administration qui donne un tel exemple d'union sacrée, dans lequel le Maire de Strasbourg, Conseiller Général, Député, se contente du rôle de Vice-Président, dans lequel le Président de la Chambre de Commerce accepte les fonctions de Secrétaire, et dans lequel, enfin, comme il fallait bien un Président pour compléter le bureau, on est allé chercher à Paris un de ces hommes que l'on appelait alors, par une terminologie qui, j'en suis sûr, est aujourd'hui définitivement et pour toujours rayée du dictionnaire alsacien, un fonctionnaire de l'Intérieur. (Applaudissements).

Et, comme les bons exemples sont contagieux, voici que cette union sacrée a franchi les frontières de notre Conseil d'Administration pour annexer nos excellents clients les usagers du Port, qui nous ont prouvé, en toute occasion, qu'ils savaient oublier leurs intérêts particuliers, et, ce qui est plus méritoire, leurs susceptibilités personnelles, lorsque l'intérêt supérieur du Port était en jeu. (Vifs applaudissements.)

N'empêche que je me demande souvent à quoi sert un Président avec un pareil Conseil d'Administration, et, s'il devait en résulter une économie appréciable pour le Port Autonome, je serais tenté de proposer la suppression de cet organe inutile ! (Rires.)

Mes chers amis, lorsque le Gouvernement m'a accordé la haute distinction que vous voulez bien fêter aujourd'hui d'une manière si flatteuse et si émouvante pour moi, il n'a pas entendu honorer un vieil Inspecteur Général des Ponts et Chaussées qui ne valait ni plus ni moins que tous ses Collègues, mais avant tout, uniquement, le Président, — et je devrais dire la Présidence, — du Conseil d'Administration du Port Autonome. (Applaudissements.)

Aussi, lorsque j'avais demandé à mon ami Albert MATHIEU de me recevoir dans ma nouvelle dignité, — d'être mon parrain, suivant l'expression consacrée, — ce n'était pas, croyez-le bien, en raison de la situation qu'il a déjà acquise au sein de la haute Assemblée des Anciens de la République, mais parce que, au lendemain de l'armistice, je l'avais vu mettre au service des grandes affaires de l'Alsace, et du Port de Strasbourg en particulier, ces étonnantes facultés de décision et de volonté qui lui ont valu sa réputation aujourd'hui légendaire de réalisateur !

Et combien je regrette le fâcheux incident qui nous prive aujourd'hui de sa présence !

Il me semblait qu'en assistant à ce banquet, mon parrain aurait célébré ici, à Strasbourg, la cérémonie du baptême.

Avec un petit effort d'imagination, je me serais cru revenu à l'époque où, l'état-civil n'étant pas organisé, c'étaient les registres de baptême qui en tenaient lieu. En sorte que je serais devenu, un peu, citoyen de Strasbourg. (Vifs applaudissements.)

Vous voyez qu'à tout âge, on peut faire de beaux rêves !

Au reste, parmi les lettres de félicitations que j'ai reçues à cette occasion, celles qui m'ont été le plus au cœur, celles qui m'ont le plus profondément touché, ce sont celles qui me sont venues de Strasbourg.

Mais parmi celles-là, surtout, il en est une qui a pour moi un prix incomparable !

Dans cette lettre, on m'a écrit, on a osé m'écrire, et M. le Maire de Strasbourg, tout à l'heure a presque osé me le répéter, que j'aurais rendu des services (je passe l'épithète qui offenserait trop ma modestie), à la cause française en Alsace et à la Ville de Strasbourg en particulier !

Certes, mes chers amis, je ne me fais pas d'illusions, et je sais fort bien ce qu'a d'excessif un pareil éloge. J'y vois seulement une preuve nouvelle d'un fait qui m'était déjà apparu lorsque j'écoutais les discours qui ont été prononcés tout à l'heure, à savoir que, décidément, dans notre république une et indivisible, les départements du Midi n'ont pas le monopole exclusif de ces exagérations de langage qu'un écrivain charmant attribuait à l'influence de « ce coquin de soleil de la Provence ». (Rires.)

Mais, tout de même, vous représentez-vous la joie, l'émotion, la fierté, que peut éprouver un vieux grand-père, en pensant qu'après lui, plus tard, dans l'héritage, ses petits-fils trouveront cette lettre, cette feuille de papier qui porte en haut les armes de la Ville de Strasbourg, et, en bas, la signature du grand Français à qui personne aujourd'hui, de la Méditerranée à la Mer du Nord et de l'Océan Atlantique à la rive gauche du Rhin, ne songe plus à disputer le titre de premier maire de France ! (Approbations — applaudissements.)

Mes chers amis,

Je vous remercie de tout cœur. Je vous suis profondément reconnaissant.

Je bois à tous mes amis de Strasbourg !

Je bois à mes excellents collègues des Conseils d'Administration du Port Autonome et de la Compagnie Générale pour la Navigation du Rhin.

Je bois à mes collaborateurs, à ces ingénieurs, ces fonctionnaires, ces employés, ces ouvriers, qui tous, comme leur jeune Directeur et leur vieux Président, mettent au Service de notre grand port tout ce qu'ils ont de force, d'activité, de dévouement et d'intelligence! » (Vifs applaudissements, acclamations prolongées.)